E.-J. FOURNIÈRE

LETTRE D'UN TRAVAILLEUR

A MONSIEUR

LE PRÉSIDENT DE LA RÉPUBLIQUE

PRIX : 10 CENT.

PARIS

Dépot Central : Chez **Derveaux** Libraire Editeur
32 rue d'Angoulême, 32ᵇ

—

1881.

LETTRE D'UN TRAVAILLEUR

A

MONSIEUR LE PRÉSIDENT DE LA RÉPUBLIQUE

Monsieur le Président,

Excusez la liberté que je prends de vous adresser ces quelques mots. Vous seul, de tous vos collaborateurs au pouvoir, avez le loisir de m'écouter. Messieurs les ministres, présidents de Chambres, sénateurs, députés, etc.; sont vraiment trop occupés pour donner quelques instants d'attention aux récriminations d'un travailleur las de sa misère.

Pendant que l'un soigne son ventre et sa guerre, l'autre se creuse la tête à chercher par quoi l'on remplacera les bons dieux expulsés des écoles; (il faut une religion pour la canaille, disent-ils après leur maître à tous, Voltaire.) Un troisième purge le sol de la République des étrangers qui ont encouru les disgrâces des potentats environnants ou qui ont le malheur de penser et d'agir comme parlait autrefois ce fonctionnaire au temps où il terminait tous ses discours par : *Nous voulons la République démocratique et sociale, et nous l'aurons!*

D'aucuns sont fort occupés à préparer de bonnes et bourgeoisement républicaines lois contre les journaux mal pensants, les réunions et les associations ouvrières. D'autres, enfin, s'ingénient à plumer la poule sans la faire crier, c'est à dire à soutirer aux pauvres diables de travailleurs une dîme qui mette ceux-ci à l'abri du besoin, à l'âge où quatre-vingt-quinze des leurs sur cent sont allés à six pieds sous terre, prendre possession du royaume des pauvres d'esprit; sans préjudice qu'en bons dirigeants nos mandataires ont beaucoup à tripoter dans la caverne de voleurs qu'on appelle la Bourse et toutes sortes d'affaires à monter car, comme le disait ce juge malin: *il y aura toujours des actionnaires*; et, ajoutons-nous, toujours des dirigeants qui les plumeront.

Bref, de tout notre personnel avocassant, légiférant, exécutant, spéculant, vous êtes le moins occupé. De plus, vous êtes gras; les hommes gras sont bienveillants. J'en excepte votre encombrant voisin, M. Gambetta, il s'est engraissé trop vite. Pour toutes ces raisons, vous m'écouterez.

Puis, après tout, si vous ne voulez pas m'écouter, je parlerai tout de même, poliment, bien entendu, car la Chambre vient de voter le délit d'outrage, et vous pourriez bien trop m'entendre.

Vous avez dû être médiocrement étonné, lorsqu'on vous a appris que les travailleurs émettaient la prétention —jusqu'alors inouïe — de se séparer totalement des partis politiques qui s'injurient régulièrement de une heure à quatre dans l'enceinte où s'escamotent nos droits. Vous, qu'on dit doué de quelque bon sens, avez dû souvent vous dire : « De quelle pâte sont donc pétris ces braves gens qui s'injurient, se vilipendent et se déchirent, sur l'ordre de quelques farceurs qui vivent de ces querelles ? » Involontairement, vous avez dû songer aux combats de coqs ou de chiens, à l'issue desquels les propriétaires des animaux s'en vont, vainqueurs et vaincus bras-dessus bras-dessous, se soûler avec les prix gagnés par les bestioles. Il y a pourtant cette différence que les combattants parlementaires s'égratignent sans se déchirer et que pour ce faire, ils sont grassement payés, en quoi les bipèdes à fracs, quoique moins braves, sont mieux traités que les bipèdes à plumes et les quadrupèdes à poil ci-dessus mentionnés.

Et quand vous avez appris que, dorénavant, les travailleurs entendaient nommer des représentants pris dans leurs rangs, vous avez dû vous dire: « Enfin, ils ne sont pas si bêtes que je croyais. Ils ont fini par comprendre que, fussent-ils animés des meilleures intentions, les capitalistes, manufacturiers et avocats qui emplissent le parlement, ne pouvaient, placés qu'ils étaient entre leurs intérêts propres et ceux de leurs électeurs, faire taire l'égoïsme qui sommeille au fond du cœur des plus purs.

Eh bien, à la bonne heure ! les ouvriers vont avoir place au Parlement; et là, ils feront les affaires des leurs. N'étant pas en nombre suffisant pour faire la loi et subordonner les intérêts de la bourgeoisie à ceux du prolétariat, source de conflits, qu'à mon grand regret, Galliffet se chargerait d'*apaiser* ; ils seront du moins en nombre suffisant pour rappeler quelquefois les imprudents au sentiment des convenances et les empêcher ainsi de commettre des excès capables de ruiner la bourgeoisie dans l'esprit des masses. Ils joueront, ces braves ouvriers, le rôle d'avertisseurs, sans jamais devenir un danger pour la société. Enfin, on ne pourra plus dire que la République n'est pas démocratique, puisque toutes les classes de la société participeront au pouvoir. »

Eh bien, croyez-moi, Monsieur le Président, n'applaudissez pas de confiance, et examinons la chose de plus près ; je vous assure qu'elle mérite votre attention.

Si vous vous imaginez que les travailleurs se sont réunis en congrès et en colléges électoraux, uniquement pour le plaisir de dire : « Nous caserons quelques-uns des nôtres et ils nous feront quelques bonnes petites lois bien sages dont nous saurons nous contenter », vous vous trompez.

Si vous vous imaginez que les travailleurs admis à la Chambre vont regarder faire les lois comme des chiens assis en rond regardent cuire le fricot, en tirant la langue, et attendre de loin en loin un os ou l'écume du pot-au-feu parlementaire, vous vous trompez.

La vérité, la voilà : C'est la lutte des pauvres contre les riches, des affamés contre les pansus, des va-nu-pieds contre les voiturés, des laborieux contre les fainéants ; en un mot, c'est la guerre sociale qui continue.

Le récit des massacres de pauvres et d'affamés a taché

de rouge chaque page de l'histoire des peuples, et la page de la décade qui s'ouvre aura, elle aussi, sa tache de sang. Sera-ce le sang pâle des travailleurs anémiques ou bien le sang rouge foncé, noirâtre des pléthoriques ou des apoplectiques oisifs? Je penche pour la seconde opinion, et je vais vous dire pourquoi.

Au point de vue moral aussi bien qu'au point de vue matériel, nous sommes au milieu d'une de ces crises qui ne permettent pas, hélas! d'espérer un dénoûment pacifique.

Quelles sont les trois grandes institutions de l'ordre actuel?

La religion, la propriété, la famille.

Où en sont-elles? — A la décomposition. Et le plus bizarre, c'est que nous socialistes, pelés qu'on accuse de tout le mal, n'y sommes absolument pour rien. Cela vous étonne? Alors si je vous dis que les vôtres, Monsieur le Président, intéressés pourtant au maintien de ces trois étais de leur domination sur nous autres, ont tout fait pour hâter cette décomposition, je vais vous étonner bien davantage.

C'est pourtant de la plus rigoureuse exactitude.

Autrefois les prêtres nous montraient le ciel; pendant que nous avions le nez en l'air et l'esprit dans les nuages, aidés par les nobles, les prêtres escamotaient la terre et nous-mêmes par-dessus le marché. Qui donc, dans le temps, osa railler, critiquer et démolir pièce à pièce l'échafaudage ridicule et sacré des religions révélées?

Un des vôtres : Voltaire.

Et à sa suite, que de bourgeois — avant, pendant et après la Révolution — ont fait table rase des insanités religieuses, sans s'apercevoir que les masses iraient plus loin que ces railleurs après boire, et, voyant les religions détruites, s'empresseraient de débarrasser leurs cerveaux de leur cause première : Dieu.

Plus de Dieu, plus de vie future, plus de récompense pour les longs et pénibles efforts des déshérités. Plus de compensation à la longue misère, plus de ciel où sont admis les pauvres ; dès lors, à quoi bon être humble, patient, soumis et résigné pour crever dans un coin, tout entier, sans avoir entrevu le bonheur qu'on a procuré toute sa vie à d'autres?

Convenez-en, Monsieur le Président, ceux qui, savent qu'aucune récompense surnaturelle ne les attend pour avoir sué, peiné et gémi toute leur vie durant, sont de fiers imbéciles s'ils continuent à vouloir supporter leur misère, et qu'ils la méritent pleinement.

Car enfin, malgré la belle morale qu'on veut mettre officiellement aux lieu et place des religions, avouez qu'on aura beau dire (comme l'ont fait les Renan, les Pelletan et autres Jules Simon) aux affamés : « Il est nécessaire que vous souffriez et enduriez tous les maux pour les épargner à d'autres ; que vous travailliez pour nourrir les *gérants de votre fortune* et donner à quelques-uns le loisir de penser; cela est nécessaire au fonctionnement d'une société bien organisée. » Il est certain qu'à moins d'être totalement abrutis par leur misère, les affamés répondront : « Et dans tout cela, où est notre avantage à nous et aux nôtres? » Et comme ils n'en verront aucun, ils enverront la belle morale cousiniste rejoindre les bons dieux dans l'oubli des siècles passés.

Comme toutes nos actions sont mues par l'intérêt — moral, intellectuel ou matériel — que nous y trouvons ou par la nécessité que nous sommes obligés de subir, il est clair qu'*aussitôt qu'ils le pourront*, les déshérités, se souciant fort peu de toutes les morales et conventions, briseront tous les obstacles qui s'opposent à la satisfaction de leurs appétits et reprendront enfin possession d'eux-mêmes et des fruits de leur travail.

Vous êtes trop intelligent, M. le Président, pour que j'entre dans un examen plus approfondi des symptômes avant-coureurs de cet effondrement social, et pour en finir avec le premier étai — la religion — vous n'êtes pas sans savoir le rôle important du code pénal dans l'observance des *lois bourgeoises*, si bien faites pour sanctionner les usurpations et les prélibations de la classe exploitante. Et, symptôme plus grave, voilà que les plus haut perchés de la dite classe se sont mis tout à coup à étaler devant les tribunaux ou dans les sous-sols ensanglantés, les manifestations rebutantes de leur putréfaction morale.

Mais de cela nous reparlerons.

Si je vous dis maintenant qu'en reprenant leur bien, les travailleurs seront d'accord, non-seulement avec la justice, mais encore avec la science ; assurément la queue de billard qui vous tient lieu de sceptre va vous tomber des mains.

Rien de plus vrai, cependant.

Lorsque les machines sont venues dans les ateliers et les usines faire presque toute la besogne des travailleurs, les patrons ont-ils dit à ceux-ci : « Mes enfants, grâce à la machine, nous allons pouvoir vous donner un peu plus de bien-être ; puisqu'elle fait presque tout l'ouvrage, au lieu de peiner pendant douze heures et plus par jour, vous ne ferez plus que six heures, et vos salaires n'en souffriront pas, au contraire. » Ont-ils dit cela, et pouvaient-ils même le dire ? non. Poussés par la concurrence et par l'appât du gain, les patrons ont chassé de l'usine les bataillons d'ouvriers que la machine rendait inutiles. Le travail des ouvriers, *étant devenu une marchandise* tout comme le fer, le bois ou la laine, les patrons tâchaient de se procurer cette *marchandise-travail* au meilleur marché possible. Comme, grâce aux machines le nombre des bras devint bientôt hors de proportion avec le besoin qu'on en avait pour produire ; leur prix baissa : les salaires, par suite de l'abondance des ouvriers, baissèrent *absolument comme baisse le prix du blé dans les années d'abondance.*

Alors, les ouvriers réfléchirent ; et voyant chaque amélioration dans l'industrie, au lieu de leur profiter, les accabler de plus en plus ; chaque changement dans l'outillage jeter des hommes sur le pavé, ils se dirent que cela ne pouvait durer davantage. Et lorsque, pour exploiter à la vapeur, à grand renfort de capitaux et de machines, les riches s'unirent, mettant en commun leur argent, nous nous dîmes enfin qu'après tout, nous pourrions bien en faire autant — et même plus — si nous étions les maîtres. Dès lors la pensée de devenir nos maîtres hanta nos cerveaux et toutes les répressions du monde ne l'en délogeront pas.

Au lien de nous en prendre sottement aux machines, nous nous dîmes qu'il serait bien plus utile de nous en prendre à leurs propriétaires : La question venait de faire un grand pas.

A présent, M. le Président, soyez bien assuré que ce n'est plus qu'une question d'organisation et de temps ; que les travailleurs, éclairés sur leurs véritables intérêts par les faits eux-mêmes, ne se laisseront plus endormir par les chercheurs de midi à quatorze heures et que, lorsqu'ils le pourront, ils reprendront leur bien.

Donc, là encore, M. le Président, ce sont les vôtres qui, en rassemblant des armées de prolétaires dans les centres industriels, ont démontré à ceux-ci combien les riches sont inutiles puisque — grâce à leurs directeurs, ingénieurs, contre-maîtres — tous salariés — ils n'ont absolument qu'à râfler le bénéfice net de l'exploitation.

N'oubliez pas en outre que votre propriété bourgeoise telle qu'elle fut constituée en 1789, perd chaque jour du terrain. Les nécessités de la production moderne, la concentrent en la mobilisant pour la livrer à quelques actionnaires qui sont déjà une féodalité nouvelle et nous remettront en servage, prolétaires et petits bourgeois, 'si nous n'avisons à temps par la socialisation des forces productives.

Enfin, si je vous démontre que la décomposition de la famille — décomposition dont vous devez vertueusement gémir — est encore au point de vue matériel comme au point de vue moral, l'œuvre des riches ; votre étonnement va dépasser les bornes.

Eh bien, là encore, rien de plus vrai.

La famille dans la bourgeoisie a commencé la danse ; et l'un des vôtres — et des plus bourgeois — Zola, constate les faits en leur attribuant des causes fantaisistes, ou plutôt en prenant les effets pour la cause. Il appelle cela un détraquement nerveux. Il est bien plus près du vrai quand il constate que l'amour de l'or — non pour l'or mais pour le luxe qu'il procure — entre pour une large part dans les adultères commis par les bourgeoises, voir et même par les grandes dames. Chaque jour apporte son scandale et montre toujours plus béantes les lézardes qui sillonnent cette institution en ruines — comme le reste.

Hier, c'était une princesse qui laissait aller son gendre et sa fille en prison faute des quelques billets de mille qui pouvaient cacher un déshonneur.

Aujourd'hui, c'est un père dont la sévérité envers ses enfants a porté ceux-ci à s'éloigner de son cœur et dont le défaut de surveillance a permis à de honteuses débauches de pouvoir se continuer pendant des mois entiers. Quels étaient les corrupteurs de ces malheureux enfants

de dix et douze ans? Des bourgeois haut classés, et...
mariés.

Demain... que sera-ce? Quel drame au vitriol nous
jouera-t-on?

Adultère, pollution d'enfants, assassinats commis par
des héritiers trop pressés, bref l'exemple de toutes les tur-
pitudes familiales est donné par la classe riche.

La famille ouvrière, sans raison d'être, s'en va tous les
jours; et, là encore, on reconnaît l'œuvre des riches. En
courbant sous le travail quotidien — hors du domicile fami-
lial — les femmes et les enfants de huit ans, les riches ont
été la dernière raison d'être qui restât à la famille ouvrière. On disperse la famille ouvrière et l'on désapprend
ainsi aux uns et aux autres la solidarité qui doit exister
dans l'association familiale.

Sollicitées par leurs sens, et sachant qu'elles ne trouve-
ront pas à se marier — sauf exceptions — les fillettes, dès
l'âge de seize ans, quittent le logis, où l'on reçoit plus de
horions que de morceaux de pain, et se mettent en mé-
nage.

Voyant les salaires baisser de jour en jour, comme à
vue d'œil, les jeunes gens hésitent à se marier, ne sachant
s'ils pourront nourrir les enfants à naître, et l'on en arrive
à voir, dans Paris seulement, le chiffre des naissances
dites illégitimes atteindre le quart du total des naissances.

Donc, puisque les riches ont détruit ou ont contribué à

détruire religion, propriété et famille, qu'ils ne s'étonnent pas si, plus logiques qu'eux, nous voulons continuer leur œuvre et affranchir définitivement nos compagnons d'esclavage de ces trois servitudes.

Quand nous aurons bien persuadé les malheureux que la religion a été de tous temps un leurre pour les maintenir dans le devoir, c'est-à-dire dans l'obéissance aux maîtres ; que la propriété, dans sa forme actuelle, n'est qu'une source d'iniquités et de misères sans nombre et que la famille ne peut servir, en l'état actuel, qu'à ceux qui ont à se partager les souliers d'un mort ; tous les déshérités, jusqu'ici abrutis par la religion, écrasés par le capital et entravés par la famille, se lèveront comme un seul homme. Ils rejetteront les mensonges ridicules et les fausses espérances, reprendront le capital qui leur a été volé, et ne craindront plus de faire librement des enfants, car ce seront les enfants de l'humanité toute entière.

Alors, plus de parasites imposteurs, puisque plus de religions.

Plus de voleurs, puisque plus de propriétaires d'hommes, tirant du travail de ceux-ci de quoi donner le mauvais exemple : une vie oisive et heureuse.

Et plus de prostitution, légale ou autre, puisque les êtres humains pourront s'aimer librement, sans rien craindre pour l'avenir de leurs enfants.

Et alors, plus de Président de République non plus, Monsieur. Mais vous vous en consolerez aisément ; d'abord, parce que vous savez combien est inutile — même dans une République bourgeoise — le poste que vous occupez ; ensuite, parce que vous serez trop heureux de savoir l'humanité heureuse et libre.

En exprimant le désir que la Révolution nous débarrasse au plus tôt des parasites politiques et sociaux, je vous prie d'agréer, Monsieur le Président, l'assurance de mon respect.

E.-J. FOURNIÈRE.

Paris — Imprimerie A. REIFF, 9, place du Collége de France